서역의 미소

시에시선 **078**

서역의 미소

안현심 시집

詩와에세이

시인의 말

협곡을 구르는 급류처럼
울퉁불퉁 덜컹덜컹
소란스러웠지만

훌쩍이며 다독이며 손잡고 걷다 보니
만두피처럼 보드라워진 입술,

올봄엔
가시 없는 장미가 피고 졌어요

벌 나비 날아들어
숨바꼭질했어요

          2024년 4월
            안현심

차례__

시인의 말 · 05

제1부

봉정암 · 13
수렴동 계곡 · 14
서하묘지의 소녀 · 15
가시내와 시 · 16
조화 · 17
비닐 망태 · 18
돌고래에게 · 19
동지(冬至) · 20
초저녁 풍경 · 21
비행기 · 22
침향(沈香) · 23
선생님을 위하여 · 24
형부와 카스텔라 · 25
다시 만나요 · 26
파미르의 꽃 · 27

제2부

샤먼춤 · 31
고비의 운전기사 · 32
분명하다 · 33
신기루 · 34
아기와 구름 · 35
함부로 · 36
하얀 불탑 · 37
홍고린 엘스 · 38
다리강가 · 39
구름 유빙(流氷) · 40
망아지 · 41
고비사막 · 42
수우도의 어린 왕자 · 43
사월의 숲 · 44
유범이에게 · 45

제3부

서역의 미소 · 49
레이니어 산 · 50
브라이스 계곡 · 51
라스베이거스 · 52
인디언의 기도 · 53
해바라기길 · 54
자연 그림판 · 55
대지(大地) · 56
금빛 첨탑 · 57
호양나무 · 58
파리 · 59
바빌론의 노래 · 60
둥글게 · 61
크리스마스 · 62

제4부

석이버섯 · 65
물이끼 · 66
앙간비금도(仰看飛禽圖) · 67
검은 나비 · 68
어른 아이 · 69
겨울 산 · 70
두꺼비 왕국 · 71
엄마의 실꾸리 · 72
또 있을까 · 73
작은싸리재 · 74
온전히 · 75
뒤웅박 · 76
순정을 베인 후 · 77
언제부터일까 · 78
북해도 편지 · 79

제5부

혼자서 · 83
왜 · 84
얼음 장수 · 85
검은 소금 · 86
두 갈래 길 · 87
치파야 사내 · 88
콩고강 어부 · 90
축치족의 별 · 91
고무골 · 92
살림꾼 · 93
모수오족 남자 · 94
파파피네 · 95
숫눈길 · 96
홀리마을 · 97
고원(孤園) · 98

시인의 산문 · 99

제1부

봉정암

절벽을 끌어안고 돌아가거나
등진 채 발을 포개 종종걸음치거나

곡연(曲淵)의 물살은
수직으로 내리꽂히는 단호함이었다가
바위틈으로 흐르는 은유의 말씀

구곡담 끄트머리에서
해탈 고개를 기어오르자
비로소 하얀 얼굴 보여주시네

설악의 이마에 가부좌한 채
고해를 연민하는 석가진신사리 탑,

고요한 말씀이
날아와 앉네

수렴동 계곡

용틀임할 때마다
여울과 못이 생겨났지

너럭바위에서 나풀대다가
기세 좋게 뛰어내려 깊은 못을 파더니
실뱀처럼 튀어 올라 바윗등을
기는 물

가슴이 이렇게 팔딱거리는데

풍덩,
뛰어들면

너와 온전히
하나 될 수 있을까

서하묘지의 소녀

코카서스 평원에서
보리와 밀을 가꾸던 소녀가
동쪽으로 동쪽으로 이동하다가
타클라마칸 사막의 관문 누란에 정착했죠
오아시스 주변은 호양나무가 즐비하고
물고기와 조개와 새들이 풍요를 노래했지만
노란 폭풍 거세지더니 강이 마르기 시작했어요

대리석 조각인 듯
오뚝한 코, 긴 속눈썹, 갸름한 턱,
씨앗 주머니를 옆구리에 찬 채
나룻배 모양의 널에 누워
소녀는 기름진 땅을 찾아 나섰죠

어서, 씨 뿌리러 가요

사천 년 전 목소리
또랑또랑하네요

가시내와 시

전라도 가시내가
낯선 보도블록에 풀씨로 날아들어
이마 반듯한 사내를 만나지 못한 것도
늦서리 무렵
문학 이론서를 읽어야 했던 것도

한데 사람이 짊어져야 할
멍에였을까

겨울로 들어서지 못한 십일월처럼
골목 어귀를 서성이던 발목

그 설움이
눈을 맑혔구나

네 시를 키웠구나

조화

개울가에 홀로 서 있다고
트집 잡았어요

깃털 같은 허물마저 비아냥거리더니

늑대가 울던 밤이었을까
시린 강을 건너온 발이 참 예쁘다고
말랑말랑한 말을 걸어오네요

풍문에 설핏설핏 얹혀오는
짝을 잃었다는 말,

당해보지 않고는 자중할 수 없는 혀

칼질을 멈추게 한 것은
한울님,
당신의 조화였군요

비닐 망태

지리산 여인들은
비닐 포대로 만든 망태를 메고
날마다 산속으로 들어갔어요

망태를 짊어지면
비탈에서 붙잡을 손이 있고
등에 착 달라붙으니 메칠 걱정도 없어

알밤과 고사리, 버섯을 따고
호박과 가지, 대파, 상추를 담아왔지요

비닐 망태를 꿰매온 수많은 밤낮

엄마의 등은
망태가 올라앉기 좋은
능선이 되었어요

돌고래에게

너는 호미곶에서 탯줄을 끊고
나는 운장산 자락에서 첫울음 터뜨렸지만
엄마가 보고 싶다고 휘파람 불면
나도 그렇다고,
소프라노 음색으로 화답해왔지

상냥한 감성으로 풀잎피리 불어
슬픔을 어루만져주던
돌고래야

동글동글 예쁜 얼굴에
창을 고눈 이는
누구니?

사랑의 기쁨을 앗아간 이는
정말 누구니?

동지(冬至)

돌담길 아래서
놀이로 말하던 숨결이었는데

긴긴밤
폭설이 인연의 골목을 지워버렸어요

얼마나
무릎 꿇어야
입술 포갤 수 있을까요

얼마나 울어야
꽃이 될 수 있을까요

초저녁 풍경

해우소에서
가랑이 벌리고 끙끙대던 애기 스님

똥물이 튈까
엉덩이 이리저리 치켜들다가

끝내
울음보따리 풀어놓고
말았습니다

비척비척,
비탈을 오르던 아기 고라니도

엄마, 엄마
울음보 터뜨렸습니다

비행기

날갯짓하지 않고도
태평양을 횡단하는 거대한 새,

인간의 오물을 가득 품은 채
가쁜 숨도 없이 구름 속을 흐른다

애초에 하늘은
지느러미 젓지 않고도
미끄러지던 바다

심장의 펌프질만으로
하늘 바다를 가로지르는

너는
참, 경이로운
새

침향(沈香)

급류에 쓸려 내려오다가
갯벌에 묻혀 숨 쉰
아득한 시간

찢긴 상처 치유하기 위해
수지(樹脂)를 더욱 향기로이 빚었지요

혼돈이 열리고
깊은 잠 깨우는 손길이 있어
부처의 형상으로 거듭나게 해준다면

말씀의 향기
멀리멀리 퍼뜨릴게요

눈뜬,
지혜를 줄게요

선생님을 위하여

비수는 등 뒤에서 날아왔어요
상처를 알아챈 하이에나처럼
은밀하고도 끈질기게 들러붙었지요

피 흘리지 못하는 목각 인형처럼
뜯긴 내색 하지 말고 노래 부르라네요
피에로가 되어 교실을 지키라네요

길이 아닌 길 위에서
신념은 갈가리 찢기고 말았죠

꺾어질지언정 휘어지지 못해
고독했던 길,

옹골차게 꺾인 후
얼음장에 누워 하늘을 볼 거예요
언 별이 얼마나 찬란하게 빛나는지
끝내, 지켜볼 거예요

형부와 카스텔라

상급학교에 진학하겠다고 악다구니하는 가시내와
가난을 매질하는 어매가 난리법석을 피울 때

처제 맘은 알지만 집안 형편을 생각해야지
공부는 안 해도
사람 노릇은 할 수 있는 겨

그 말이
몹시도 미웠는데

밤마실 나갔다가
겨울바람 묻혀온 형부의 카스텔라

눈 흘기는 혀를
돌려세우고 말았지요

다시 만나요

물 한 모금 넘기지 못해
바싹 타들어 간 혀,

사랑을 말하던 입술은 사막이 되었군요
헐거워진 턱관절, 입을 활짝 벌린 채
시리다, 목마르단 말없이 사물이 되었어요

어린 손에 쥐여주던 용돈
그 손가락이 차갑게 식어가네요

수건을 돌돌 말아 턱을 괴고
비뚤어진 코도 매만져 세웠어요

형부, 잘 가세요

만년설 아래 꽃밭에서 놀다가
우리 다시 만나요

파미르의 꽃

향수를 뿌리지 않아
벌 나비 날아들지 않지만

바람 수레에 올라타면
산 너머 연인을 만날 수 있죠

고원에서 피고 진다고
사랑까지 포기할 순 없잖아요?

빙하 녹은 물에 씻은 볼이 터실터실하지만
나도, 예쁜 아기를 낳고 싶다구요

제2부

샤먼춤

척박한 땅에서 살아남기 위해
하늘을 윽박지르고 호령하던 몸짓

고비사막을 질주하는
말발굽 소리

구석기 인류의 원초적 춤사위가
웅장하고 광활했다

고비의 운전기사

자갈밭을 달리는
야생마처럼

산이나 강이나 별을 보고 달리다가
잘못 들면 돌아 나와 불평 없이 질주했다

퍼질러 앉은 보닛을 열어
잘라내고 이어 붙이고 두드려 펴면서
덜컹거리는 마차에 회초리를 휘두르는
사내의 어깨에서 상흔이 빛났다

삭사울나무에
오줌 한줄기 갈기며
구름을 세는 것이 사는 맛일 뿐

길이 없으니
사방이 길이다

분명하다

바늘 촉처럼
가늘고 짱짱한 야생 부추

바람과 맞서느라 매운 향기로 속을 채웠다

야생 부추를 뜯어먹으며
사막 바람을 걸러 온 염소와 양 떼도

매운 살을
키웠을 것이다

신기루

사막 여행자가
목욕 수건을 두르고 비척비척 걸어갔다

어디 가세요?

호수에서 씻고 오려구요

고비에는 호수가 없답니다

저기,
낙타가 물을 건너고
게르도 물 위에 떠 있는데요?

가지 마세요
당신마저 홀연히 사라질 거예요

아기와 구름

아기 손이 뭉개는 대로 토끼가 되었다가 독수리가 되었다가 망아지가 되었다가,

장마 걷힌 하늘을 뛰어다니는 사슴

참, 좋겠다

함부로

바람이 때릴 때마다
주르르 흘러내려 삼각주를 만드는
알타이산맥의 자갈 비탈처럼

내 산자락에도
작은 성(城)을 지을게요

우는 건
사람만이 아니란 걸
자갈 삼각주를 보고 알았어요

이 슬픔이 견고해질 때까지

함부로,

눈물 흘리지
않을게요

하얀 불탑

황토색과 흰색
붉은색 바다가 포개진 채 융기한
차강 소브라가*

아기상어가 되어
소금 기둥을 핥아보고
붉은 흙 부스러기를 만져보면서
태곳적 바닷속을 유영하고 있을 때

물을 비운 바다는
하얀 뼈를 드러낸 채
뜨거운 태양을 견디고 있었어요

*몽골어로 하얀 불탑을 의미한다.

홍고린 엘스

모래처럼 촘촘한
영겁의 시간,

너를 만나려는 숨이 이리도 가쁜데

몇 잠을 자고 나야
그날의 바람이 나를 부를까

*고비사막의 모래 산

다리강가

시커멓게 나뒹구는
마그마의 잔해

현무암이 분해되자
부스러진 알갱이 사이 꽃씨가 날아들었죠

씨앗을 틔운 야생화,
그 광활한 꽃밭에 누우면

말없이도 전해져 오는
사랑의 기억

*고비사막의 화산 지대

구름 유빙(流氷)

비행기에서 내려다보면

둥글고 네모나고 길쭉한 모양으로
사막에 떠 있는 구름 그림자

벌거벗은 땅거죽이 타들어 갈까 봐

유빙을 띄워 놓은
고비의 하늘

망아지

태어난 지 닷새 만에
목초지를 옮겨가는 어미 뒤를 따르다가
삼촌의 뒷발질에 차이고 말았어요
아무도 알아채지 못해
도랑에 처박힌 채 밤새 떨었지요
이웃 아저씨가 양지쪽 풀밭에 끌어내놓고
생수를 흘려 넣어주었지만
축 늘어져 숨만 깔딱거렸어요

어디서 익숙한 냄새가 날아오네요
양수를 닦아주던 아저씨의 살 냄새
어미의 젖 냄새

어서, 모가지 세우고
일어나야겠어요

고비사막

콘크리트처럼 굳어버린 땅,
비가 내려도 진피층까지 스며들지 못해
껍데기만 우르르 쓸려 가버리기 일쑤

경직된 몸뚱어리는
벼락같은 키스를 감당하지 못해
허벅지 갈라진 채 드러눕고 말았다

말라버린 자궁,

바람만이 쓸쓸히
드나들었다

수우도의 어린 왕자

동백나무 우거진 작은 섬에
아가미와 지느러미를 지닌 아기가 태어났어요

바다를 헤엄쳐가듯
우주를 날고 싶은 아기에게
도시의 네모난 일터는 숨 막히는 공간이었죠

싫은 일은 안 해도 되고
잘생길 필요 없는 섬,

수우도가 그리운 것은
어린 왕자가 살고 있기 때문이죠

*이 시는 수우도의 청년 김정갑을 형상화했다.

사월의 숲

반짝반짝,
하늘로 거슬러 오르는
연초록 피라미 떼

아가들아
장난질 멈추고
귀 기울여보지 않을래?

재 너머 아기 고라니가 엄마를 부르는데
웃음소리에 가려 들리지 않는구나

엄마 손 잡고 가는 아기 걸음마
지켜보지 않을래?

유범이에게

싱싱한 자궁을 밀어젖히고
숲을 깨운 아기 호랑이 울음소리

2022년 5월 5일
사내아기의 잘생긴 포효가
새벽하늘을 흔들었다

아가야,
보고 있느냐?

두 팔 벌려 반기는 푸른 우주

지극하게 들여다보는
어미아비 눈망울을

제3부

서역의 미소

타클라마칸사막에는
바람길 따라 묻혔다 나타나는 도시
단단위리크가 있는데요
갈대로 엮고 진흙을 바른 벽에
힘찬 붓놀림으로 그린 벽화가
참 아름답지요

철사를 둥글게 구부린 듯
굵은 얼굴 윤곽선

먼 곳을 응시하는 듯 아슴한 눈빛

보살의 미소는
극락이 들어앉은 우물,

사막에 생명을 키운
연꽃이었죠

레이니어 산

내 속엔
비가 들어 있어
태평양을 검은 장막으로 휘감기도 하고
우기 내내 시애틀을 적시다가도
금빛 태양을 낚아
가슴팍을 반짝반짝 데워 놓고는
꽃들아, 새들아
알록달록 꽃을 피워보아라
퐁당퐁당 건반을 두드려봐라
만년설 녹은 물이 흰 뱀처럼 감아 돌아
침엽수림 아랫도리를 적실 때까지
거문고 술대를 튕겨보아라
바위에 부딪힌 물살이
은빛 햇살을 튕겨 올리듯

*레이니어 산(Mount Rainier): 워싱턴주 캐스케이드산맥의 가장 높은 산

브라이스 계곡

말을 잃은 채 주저앉고 말았네,

비바람이 새겨 놓은

한울님의

시

라스베이거스

시계가 없는 도시,

망가진 얼굴을 확인할 필요 없고
새와 나무와 눈 맞출 일이 없어
창문도 폐쇄해버렸다

단번에 쌓고 허물어지는 성(城),

사막 위 도시에는
바람을 잡으려는 허깨비들이 흥청거렸다

마약 냄새와
담배 연기 그득한 카지노에서

지식과 교양은
죽어버린 지 오래다

인디언의 기도

생명 에너지가 솟구치는
붉은 바위에 엎드려 기도했어요

나무와 풀, 독수리도 사랑하게 해주세요
조화와 균형을 잃지 않은 채
대지를 바라보게 해주세요
사막에 솟아오른 붉은 산과 바위
말 달리던 골짝으로 흘러드는 콜로라도 강
모두가 당신의 작품이지요
요세미티 숲에 산불이 일어
아름드리 고목이 쓰러져 누웠어도
우리는 일으킬 수 없어요

자연을 짓는 건
당신의 손뿐

해바라기길

사막을 넘어올 때
길도 없고 지도도 없어
해바라기씨를 뿌리며 걸었어요

비가 오면 싹이 트고 꽃이 필 테니
이 꽃을 등불 삼아 따라오세요

모하비사막에 난
노란 꽃길,

박해를 피해 넘어온 모르몬교도의 길이
오늘은 관광 가이드의 생존을
책임지고 있네요

자연 그림판

천전리 계곡 암각화에는
성(性)의 아름다움과
번성을 형상화한 그림이 빼곡하다는데요

을사년 유월 열어드레 새벽에는
사부지갈문왕과 어사추여랑이 손잡고 와서
금 가지 않을 약속을 새겼다지요?

비바람에도
구겨지지 않은 채
고백을 받아들인 자연 그림판,

오늘도 짱짱한 시간을
견디고 있대요

대지(大地)

시집오자마자 일복으로 갈아입고 땅을 팠어요
지아비가 쟁기질하면 뒤따라 다니며 흙을 고르고
산통을 겪으면서도 보리 이삭을 거뒀지요
푸스스한 머리에 수건 한 장 두른 채
숯검정이 되어가도 개의치 않았어요

아이들이 무럭무럭 커가면서
거미줄 걷히고 비단옷을 입게 되자
일손 놓은 지아비가 홍등가를 들락거렸지만
딴살림을 차려도 악다구니 안했어요

믿을 것은 오직
땅뿐

대지는 늘
곁에 있을 테니까요

금빛 첨탑

힘센 부족에게 밀려
아이라오산 날망으로 쫓겨 간 사람들
건너편 계곡에서 샘솟는 물을
대나무 수로로 끌어와
다랑논을 지었어요

층층이 논에서 개구리 울고
우렁이는 벼 발목을 감아 도는데

낟알을 거둬들이는 검은 팔뚝은
관절이 불거진 대나무,

층층이 지은 다랑논은
맨손으로 쌓아올린
황금 탑이지요

호양나무

샤먼의 옷 장식처럼
금빛 잎사귀 반짝였는데

타클라마칸사막을 건너다가
모래폭풍에 묻힌 상단의 잔해인 듯

거꾸로 처박힌 채 바싹 마른 정강이뼈

일억 년을 침묵해 온
경전의 말씀인가

올올이 풀린 힘줄만이
은실로 날렸다

파리

늙은 사자의 눈곱을 빨고
코뿔소 찢긴 상처의 고름을 핥는다

덩치 큰 맹수도
떼어내지 못하는 집요한 빨판,

포식자의 몸뚱어리에
세균을 밀어 넣는 저승사자인가

똥을 분해하고
음식 찌꺼기를 먹어 치우며

뒷골목을 청소하는
성자인가

바빌론의 노래

몽돌이 부서지는 냇가에서
치맛자락을 찢겼어요

부엌데기가 되어
손에 물 마를 날이 없었죠
갈라 터진 손등을 감싸 쥐고
툇마루에서 웅크린 채 잠들었다가
빗자루 몽둥이와 함께 날아온
천둥 같은 고함 소리

본디가 아무리 그립다 한들
어찌, 냇가 이전으로 돌아갈 수 있겠어요

바빌론 강가에서는
돌아갈 수 있을 거라 노래하지만

이방을 걷던 발로
어찌, 어머니를 부르겠어요

둥글게

비행기를 타면
무거운 몸뚱어리 추락할까 봐
몹시 무서웠는데

이젠 두렵지 않아요

당신의 손이 작은 주먹을 감싸 줄 때
품속 아기처럼 편안하거든요

우리는 부서지지 않은 채
사뿐히 굴러갈 수 있을 거예요

모래땅도, 바위너덜겅도

동글동글
달릴 수 있을 거예요

크리스마스

감나무 손가락마저
꽁꽁 얼어붙는 새벽 눈길을

북소리와 함께 돌아나가는 성탄절 노랫소리

일어나려고 아무리 애를 써도
미끄러져 빠져들던
구들 아랫목

마약 같은 잠 속에서
순록을 타고 북극을 날았지

함박눈은 여전히
내리붓는데

제4부

석이버섯

천둥번개 칠 때마다
화들짝 놀라 손톱이 자라고
산짐승이 포효할 때마다
발바닥도 한 뼘씩 커갔지요

바위 등짝 숨구멍에 뿌리박은 채

비 묻은 볼때기는
바위 이끼 빛

제 입술에 코를 대보세요

아무르 강을 거슬러 온 연어의 비늘 냄새
사막의 바람 냄새 싱그럽지 않나요?

바위 냄새 천둥번개 냄새까지
꼬들꼬들하지 않나요?

물이끼

숲이 시작되는 발목에 엎드려
다른 생명의 엉덩이를
밀어주는 손,

물이끼의 힘으로
숲은 우람하게 팔다리를 키우고

나도 하늘을
마음껏 마시지요

앙간비금도(仰看飛禽圖)

못 갈 곳이 없는 새처럼
하늘을 날고 싶어요

그림을 그린다고, 시를 쓴다고
비아냥거리는 철조망을 벗어나고 싶어요

스물일곱 살,

못다 피운 봉오리를
아버지의 하늘에서 펼칠게요

아버지, 그날처럼
이상향을 이야기해요

*아버지와 함께 하늘을 올려다보는 허난설헌의 그림.

검은 나비

술에 취해 비척비척 들어오더니
책을 싸안고 나가 불살라버렸어요

마당 귀퉁이에서
검은 나비 떼 날아오를 때

어디선가
시퍼런 호통 소리 쩌렁쩌렁 울렸지요

얼마나 못났으면 여편네가 책을 읽고
글 나부랭이를 쓰것냐, 이놈아

그 밤,
흐느끼던 나비 떼가

굽이마다 날아들어
일으켜주네요

어른 아이

　달걀프라이가 없으면 밥을 안 먹고, 구멍 난 양말을 내주면 드러눕다가도 신발을 사준다면 앞장서서 시장으로 달려갔어요

　머리를 깎아주고 씻겨주는 사람은 허리가 굽어 땅바닥을 기는 어미, 혼자 살아갈 수 있도록 일상을 가르치지만 새겨듣는지 마는지 뾰로통하기만 하네요

　신열에 들떠
　　뇌 손상을 입은 아이,

　늙은 둥구나무에
　　다섯 살 어른이 붙어살고 있었어요

겨울 산

고양이 눈으로 훔쳐보지 마라

더 이상
숨길 게 없다

두꺼비 왕국

암컷이 늪으로 기어오자
수컷이 등에 올라가 겨드랑이를 움켜쥐더니
뒷다리로 살살 생식기를 문지른다

얼른 알을 낳아라,
때 맞춰 방사하기만 하면
연못은 내 새끼 차지가 될 것이고
커서는 멀리 나가 가문의 권세를 드높일 터,

왕국을 세우는 일에
목숨 건 녀석들이 혈투를 벌이고 있을 때

암컷은 눈을 끔뻑끔뻑,

이긴 놈만이
날 차지할 것이여

엄마의 실꾸리

양쪽 발목에 타래를 걸고
아기 어르던 노래를 흥얼거리며
실꾸리 배때기를 불려 갈 때는
뺨마저 발그레 물들었는데

그 노랫소리
숨어버린 지 오래

손때 묻은
반짇고리 속,

치매 걸리지 않은
실꾸리 혼자서 울고 있네요

또 있을까

분만실에 있을 때도 산후조리를 할 때도
코로나19의 장벽은 열리지 않았다

감염병의 숙주가 될까 봐
멀리서 그리움을 달랬는데

감염된 아비를 피해
내 품으로 온 후에야 손자를 볼 수 있었다

허리 보호대를 차고서도
하루해가 짧았다

쓸모없어지기 전에 찾아온 행복

생전에 이런 날이
또 있을까

작은싸리재

늦게 찾아온 나를 원망이라도 하듯
도둑놈 가시가 사지창을 고눴다

죽기 전에
꼭
가보고 싶다 했는데

귓등으로 흘린 어매의 말이

무너진 돌담에서
울고 있었다

온전히

 슴슴한 무나물이 먹고 싶다더니 한 가닥 넘기지 못하네요 구들장에 허리를 지지고 싶어도 아파트 난방은 공기만 훈훈할 뿐

 마른 짚단 같은
 어머니

 돌봄의 손길이 절실히 필요할 때 일터를 지킨다고 밖으로 나돈 것이 아픈 가시로 박혀 있어요

 다시 온다면,

 나를 온전히 줄 수 있을 텐데

뒤웅박

물을 넣으면 물통, 쌀을 담으면 쌀독
오줌을 누면 요강이 되겠지만

내 뒤웅박엔
쌀밥을 가득 담아주세요

재 너머 삼십 리 길
아이 데리고 품팔이 다녀올 때
두레상에 둘러앉아 밥 먹는 울안을 들여다보며

엄마, 저 밥
한 숟갈만 먹어보고 싶어

말하던 배를
채워주고 싶어요

순정을 베인 후

고치를 막 터치고 나와
잔바람도 못 이기는 매미처럼

눈꺼풀이 내려앉고
열에 들떠 갈라진 입술

꽃샘바람 파고들어 와 바스스한 속을 부서뜨릴까 봐
바람구멍 첩첩이 싸맨 채 마당 안을 종종거렸다

그날 이후
시시때때로 솟구치는 각혈,

붉게붉게
꽃잎이 졌다

언제부터일까

바람이 쓰다듬자
왜 어깨를 치느냐고 고함을 질렀다
노인이 등걸에 걸터앉자
다리에 쥐가 난다고 소리쳤다
아기가 부드러운 볼을 갖다 대도
젖비린내 난다고 툴툴거렸다

덕담과 배려가
실종된 나무,

분노가 차오른 것은 언제부터일까

바람결 붙잡아 피리 불던 잎,

노래를 잊은 것은
언제부터일까

북해도 편지

갈색 피부에 동그란 눈,
아이누족 청년을 찾고 있어요

산기슭 움막에서 대구와 청어를 꿰어 말리며
설원을 누비던 발목

자작나무 속으로 걸어 들어갔을까?
폭설 고랑으로 숨어들었을까?

둥그렇게 엎드린
자작나무 등피에 그리움을 그릴 때

함박눈이 자꾸자꾸
글씨를 덮었어요

제5부

혼자서

당신이 손 내밀었을 때
모르는 척 애먼 소리 달싹인 입술

그 휑뎅그렁한 사막을 짐작이나 했는지요

아기 뱃구레에 투레질할 때마다
푸드덕 날아오르던
울새 떼

그 반짝이던 눈물이 보이기나 했는지요

혼자, 혼자서 곱씹어보는 날

들리네요,
낮은 휘파람 소리

왜

삼천오백 미터 고산에서는
자잘한 감자밖에 캐내지 못하지만
산 아래로 조금만 내려가면
씨알 굵은 감자가 줄줄이 나오는데
왜, 떠나지 않는가요?

영하 오십 도를 오르내리는 오미야콘 공화국
순록과 함께 떠도는 툰드라 유목민
바다 위를 유랑하는 바자우족

왜,
왜,
새 땅을 찾아 나서지 않는가요?

척박함을 견디는 것보다
낯선 바람이 더욱
무섭다고요?

얼음 장수

바위너덜겅 아래서
육질을 촘촘히 단련시킨 빙하얼음은
쉽게 녹지 않고 맛이 참 좋다는데요

도끼로 얼음을 캐내
침보라소 산 아래로 지고 내려가
빙수 가게에 파는 인디언이 있지요

짚풀로 꽁꽁 싸맨 얼음덩이를 지고
비탈을 오르내리던 발목,

작은 어깨로
실어 나른 빙수 맛이

참,
아리네요

검은 소금

빛을 죄 먹어버리는
검은 호수에서
콜타르 같은 소금을 채취했어요

화산 주둥이가 뱉어내는 유독물질 때문에
살이 썩고, 눈이 멀고
코뼈가 내려앉을 줄 알면서도
악마의 주둥이로 뛰어들었지요

건기가 오기 전에 소에게 먹이면
풀을 잘 뜯게 한다는 소금 덩이,

악마가 내어주는
보약을 얻기 위해

오늘도
독 호수에 몸을 던져요

두 갈래 길

잉카의 제왕 아타우알파는
피사로의 초대에 응했다가 사로잡히고 말았어요
나를 풀어주면 키 높이만큼 황금을 주겠노라,
피사로는 황금만 챙긴 후
왕을 참수하고 유물을 파괴하는
야만의 길을 택했지요

하지만 훔볼트는
실험하고, 측량하고, 채집하고, 묘사하며
로마에 버금가는 문명이
낯선 대륙에도 존재한다는 걸
인정하고 존중하라 외쳤지요

훔볼트가 열어 놓은 문명의 길에서
과학이 자라고 의학이 꽃폈어요

말라리아에 걸린 아이도
벌떡 일어나고요

치파야 사내

호수가 말라붙어
사람도 물고기도 견딜 수 없게 되자
아내는 도시로 식모살이하러 가고
사내는 양을 돌보며 집을 지키기로 했어요

칼바람이 살갗을 긋는
안데스 고원,

볼이 갈라 터진 아이가
엄마를 부르며 울먹일 때마다
아내의 속옷을 헹궈 먹이며 살 냄새를 맡게 했죠

주린 배 움켜쥐고도
뗏장 움막을 떠날 수 없는 것은
할아버지와 아버지의 체취가 소금기로 들러붙어
간간한 숨을 불어넣기 때문,

돌팔매질로 홍학을 사냥하며

사내는 오늘도 아버지를 흉내 냈죠

콩고강 어부

급류는
목숨을 앗아가는 동시에
큰 물고기를 낚을 수 있는
풍요로운 지옥

폭포 아가리에 깔때기 모양 통발을 매달아 놓고
물고기가 걸려들기를 기다리다가

타이거피쉬를 물어 올릴 때는
넓적부리 슈빌,

두터운 입술에서
꼬리지느러미가 패대기칠 때마다

콩고강도, 몸뚱어리 뒤틀며
실하게 포효했다

축치족의 별

고래를 사냥하거나 순록을 몰다가
이도저도 못하게 되면 설원으로 나아가
곰에게 잡아먹히길 기도했다

늙어 죽거나
병들어 죽는 것은 명예롭지 못한 일

척박한 땅을 살아가는 자손에게
짐이 될 순 없었다

눈밭에 꿇어앉은
기도 소리는

갓난아기 이마에
별이 되어 박혔다

고무골

나무하러 가는 오빠를 따라
큰곰뱅이재 넘어 성치산에 올라서면
고무골은 짙은 안갯속에
잠겨 있었다

꺼먹 고무신 질질 끌며
다다른 비탈,

참나무 허리를 도막내고 있을 때
공부를 포기한 오빠의 눈물이 톱밥으로 날렸다

그날의 톱질 소리
아직, 아스라한데

장작을 짊어진 소년은
어디로 갔을까

*고무골: 충남 금산군 남이면 구석리 골짝

살림꾼

항아리 가득 두릅장아찌를 담그고
서리 내리기 전에 풋고추를 훑어다가
고추김치도 한 옹배기 눌러 놓고
깻잎장아찌, 오이장아찌도 차곡차곡 쟁였지요

가을 다람쥐마냥
부지런히 거둬들이는 것이
살림 잘하는 일인 줄 알았는데

먹을 만큼 안아야 몸이 가볍다는 걸
늦은 가을에야 깨달았어요

저장 음식을 나눠 담아
이웃에 돌린 날

발걸음
한층 가벼웠지요

모수오족 남자

오늘 밤 창문을 두드릴 테니
문을 열어주세요

약초 캐느라
비탈을 오르내렸더니 다리가 무겁네요
오늘은 남자를 받을 수 없어요

호숫가 풀밭에서 자야겠군요
집에는 누이의 남자가 와 있을 텐데
그들의 사랑을 방해할 순 없죠

날이 새면 긴 부츠에
허리가 잘록하게 보이는 조끼를 입고
미팅에 나가 춤을 춰야겠어요

화려하게 치장하고
춤추며 구애하는 수컷,
극락조처럼

파파피네

빨간 립스틱을 바르고
할머니를 돌보면서 음식을 만들고
집안 청소를 했어요

출렁거리는 파마머리, 꼭 끼는 티셔츠
하이힐을 신고 나다니다가

인형을 만들고 옷을 지어 입히며
소꿉놀이도 했지만

여성으로 인정받지 못해
고독하게 늙어가요

나는
누구일까요?

숫눈길

성큼성큼 걸어간 발자국 옆구리에
오종종히 따라붙은 아기 발자국

산 골골에
첫눈 내렸는데

아기와 엄마는
외갓집에 갔을까?

오일장 보러간 아빠 마중 갔을까?

숫눈길에 새겨 놓은
동화를 읽으며

귀 쫑긋쫑긋 뒤따라가요

흘리마을

겨울이 가장 빨리 오고
늦게 물러가는 진부령에서
눈에 홀려 길 잃은 짐승처럼
발 묶이면 좋겠네

얼음장 깨고 계곡물 길어다가
고구마 삶고 시래기죽 끓이며
왕골자리 아랫목을 뒹굴거리면 좋겠네

뜰팡에도 댓돌 위 고무신에도
함박눈 날아들 때

절명(絶命)의 시 한 수
뽑아내면 좋겠네

고원(孤園)

느지감치 일어나
뉴스를 검색하며 반신욕을 하고
아침밥을 먹고 나면
아홉 시

세탁기를 돌려놓고
따끈한 커피로 한기를 녹이며
텔레비전 속 산골마을을 누비다 일어서면
열한 시

노루 꼬리만큼 짧은
겨울 해

오후엔 책을 읽고 글을 쓰며
돈 되지 않는 일을 해도

나무랄 사람 없는
고즈넉한 고원

시인의 산문

시와 삶의 합일을 위하여

1.

문학은 내게 무엇이었을까?

첫 시집부터 정독하며 여정을 점검하는 동안 뼛속이 저릿저릿 아려왔다. 신음도 크게 내지 못한 채 걸어가는 발자국마다 핏물이 낭자했다. 그렇다. 나는 살기 위해 시를 썼고, 이상과 현실의 괴리를 극복하는 방법으로써 시를 써왔다. 아니, 역설적이게도 문학을 천형(天刑)으로 짊어졌기에 그토록 아팠는지도 모른다.

문학은 생명을 갉아먹고 탄생하는 눈망울일까. 내줄 듯 내주지 않는 악마의 미끼일까.

악마의 장난이 계속되는 동안 절벽 끝에 서서도 나를 포기할 수 없었다. 순정한 눈동자를 잃지 않기 위해 마음을 쓸며 갈고닦았다. 시인이기에 거짓될 수 없었고, 비양심적일 수도 없었다. 천형의 골짜기를 헤맬 때 함부로 발

디디지 않은 것도 순전히 문학 덕분이었다. 문학은 내게 종교보다도 높은 스승이었다.

2.
성인으로서 문단 활동을 시작한 것은 1987년이지만, 거슬러 올라가면 초등학교 때부터 문예부로 활동하며 오로지 시를 흠모해왔다. 문학 속에서만큼은 못할 것이 없었고, 가지 못할 곳 없이 자유로웠다. 문학이란 날개를 달고 나는 날마다 사색하며 꿈을 꾸었다.

활자화된 시로는 중학교 2학년 때 쓴 「산길」이 첫 작품이다. 굵은 모래 뒹구는 쓸쓸한 산길에 제비꽃이 홀로 피어 있고, 산새 소리가 구슬을 굴리는 듯 아름답다고 형상화한 짧은 시이다. 어설펐지만, 국어 선생님의 칭찬을 받고 학교 신문 〈운장산〉에 게재되기도 했다.

이십 대 후반쯤이었을까. 출근 버스 차창 너머로 함박눈이 펑펑 쏟아지고 있었다. 눈은 하얀 꽃잎처럼 붐볐고, 내리는 것이 아니라 허공을 떠도는 그리운 혼백이었다. 첫사랑이 이루어지기를 바라며 늦가을까지 들인 봉숭아 꽃물이 초승달처럼 남아 있었다. 사무실에 들어오자마자 시를 썼고, 지방의 일간지 독자란에 게재되면서 문학동인 활동이 시작되었다. 「첫눈」은 내게 문단의 생리를 체득하도록 이끌어준 첫 시작품이다.

손톱 끝 봉숭아물
아직
아름다워라

첫눈 올 때까지 지워지지 않기를
가슴 죄며 기도했네

기적은
전설 속에 묻혀버리고

아프게
아프게

떠도는 눈꽃이여

―「첫눈」 전문

  1990년 4월, 월간 『장르』를 통해 등단했다가 2004년 4월, 계간 『불교문예』 봄호로 재등단했다. 첫 시집을 낸 것은 1992년 9월, 이후 2023년까지 10권의 시집을 출간하고, 이번 시집은 열한 번째가 되는 것이다. 10이라는 숫자는 많은 의미를 함의한다. 어떤 일에서든 10년은 종사

해야 한소리 할 수 있고, 공부도 10년은 파고들어야 문리가 트인다고 말할 것이며, 시집도 10권쯤 펴냈을 때 제 문학을 돌아볼 수 있는 여지가 생길 것이다.

  10권의 시집을 천천히 정독했다. 첫 시집부터 세 번째 시집까지는 문서 파일을 갖고 있지 않아서 워드 작업을 하고, 나머지 시집도 평론가의 해설까지 훑으며 미처 몰랐던 의미들을 되짚었다. 이러한 작업을 수행하는 동안 어떤 이론서를 읽을 때보다 큰 공부가 되었다는 것을 깨달았다. 진부하고 상투적인 어휘를 남발한 것을 뉘우치고, 지향해야 할 요소들을 인지하면서 앞으로의 향방도 계획할 수 있었다.

  생래적으로 시인일 수밖에 없는 목숨을 직시하며 연민의 눈물을 흘리기도 했지만, 아픈 날들에 대한 보상으로 다가온 알몸을 오지게 안아보는 순간이었다.

3.

  10권의 시집을 대략 세 굽이로 분류해보았다.

  첫 시집부터 세 번째 시집까지는 주로 화자의 외로움을 감성에 의존해 형상화하고 있었다. 혼자서 체득해 써온 만큼 문학성은 높지 않지만, 한 생명의 몸부림이 진솔하게 묘사되고 있었다. 세계를 돌아볼 틈도 없이 자신의 고독에 함몰된 게 흠이지만, 이 시기의 시 쓰기는 나를 살게 해주는 목숨 줄이었고, 절망하는 영혼에게 손을 내밀어주는 한줄기 빛이었다. 나는 시를 쓰며 이 시기를 연명해갔다.

  나는 문학의 자기 치유 기능을 믿으며 또 강조해왔다. 자신의 아픔을 문학 형식으로 형상화했을 때, 나아가서 그 형식이 마음에 들었을 때의 희열감은 무엇과도 바꿀 수 없이 컸다. 아픔이 희석되기도 하고, 숙명이라면 받아들이자는 넉넉한 오기까지 생성되는 것은 시 쓰기가 주는 제일의 보상이었다. 흔히 일컫는 타인에 대한 치유는 두 번째 사명이 될 것이다.

> 제주도에 놀러가지 못해 우울해하는 조카 옆에서
> 삼십 년 전 고교 시절의 수학여행을 생각한다
> 갓 결혼한 오빠에게 얻어 쓰는 학비가 목에 걸려
> 여행 간다는 말조차 하지 못하고
> 사흘 동안 비단실로 수만 놓았지
> 수틀 속에 설악산 단풍을 한 땀 한 땀 칠해가며
> 빼앗긴 사랑을 아파하지 않으려 했지
> 사흘 동안 색칠한 가을 설악산에는
> 단풍 둘러 치오른 바위도 있고
> 굽이굽이 내리 닫는 개울도 있었지만
> 내 안타까운 젊은 날이 눈뜨고 있었지

나아갈 수도, 물러날 수도 없는
초췌한 젊음 혼자 신음하는 소리,
지금도 그믐달로 떠 현(絃)을 울리지
　　　　　　—「젊음, 수틀에 갇히다」 전문

　되고 싶고, 하고 싶은 것은 많은데 아무것도 할 수 없는 현실을 그린 작품이다. 부엌도 없는 방 한 칸을 얻어 자취하면서 굶기를 밥 먹듯 했던 시절, 학교만 다녀오면 연탄불은 어김없이 꺼져 있었고, 발이 시려 뒤꿈치를 들고 방안을 서성이다가 공부할 엄두도 내지 못한 채 이불을 돌돌 감고 배고픈 밤을 지새우곤 했다.
　수학여행을 가겠다고 말하지 못한 것처럼 대학 진학에 대한 말도 언감생심 꺼낼 수 없었다. 오빠들도 중학교 졸업으로 끝낸 마당에 내가 벌어서 공부하겠다는 말조차 반역 같은 짓이었다. 그 한을 푼 것은 사십 대 중반, 출판사를 운영하며 여유가 생기자 대학 공부를 시작한 것이다. 학문의 봉우리까지 10년을 계획했고, 꼭 10년 만에 나는 그 봉우리에 올라섰다.

4.
　내 문학의 두 번째 시기는 4시집부터 6시집까지라고 볼 수 있다. 네 번째 시집은 세 번째 시집을 내고 10년이

지난 후 출간했는데, 공부하는 동안 다른 데 눈 팔지 않겠다는 의지의 표현이기도 했다. 시를 씀에 히면서 학교 주변이나 어슬렁거리는 사람은 되고 싶지 않았다. 그때의 마음가짐은 시집 『하늘사다리』의 「시인의 말」에 잘 표현되어 있다.

>지상의 호수로 목욕하러 왔다가
>나무꾼과 사랑에 빠진 지 십 년이 지났다.
>이제 나는 두 아이를 얻었고
>지상의 삶에도 튼실한 뿌리를 내렸다.
>그리하여 하늘에 올라가도 좋다는 허락을 받아냈다.
>그곳에 발 묶이지 않으리라는 믿음이 생긴 모양이다.
>아니면, 하데스의 석류를 먹은 페르세포네처럼
>두 세계를 아우르리라 생각했는지도 모른다.
>
>오랜만에 만나는 시의 하늘은 낯설기만 하다.
>그러나 최초의 기억을 묻은 곳이기에
>곧 익숙하게 되리라.
>
>날개옷을 손질하는 오늘,
>깊은 겨울이다.

글이 상징하는 '지상'은 학문의 세계요, '하늘'은 문학의 세계이다. 나는 학문과 문학을 동시에 아우르고 싶었던 것이다.

대학원 공부는 인지 능력을 확장시켜 내 눈을 세계로 돌리게 했다. 이 시기, 사고의 변혁을 주도한 사건은 『인도의 신화와 예술』이라는 책을 접한 것이었다. 그 후 줄줄이 읽은 책들로 인해 세계의 신화와 철학 사상이 내면화되었고, 이것들은 내 문학적 사유에도 큰 영향을 미쳤다. 지금까지의 옹졸함과 편견이 산산이 부서지는 순간이었다.

학문을 접하면 시가 난해해지고 사변적으로 변한다고들 말하지만, 내 시는 그러한 우려를 팽개치고 한층 탄탄해졌다는 평가를 받았다. 즉, 물렁하기만 하던 감성에 이론이 가미되면서 견고함과 아름다움을 동시에 거머쥔 것이다. 학문으로 인해 내 시는 새로운 고원을 발견했다고 할 수 있다.

어머니의 주검을 닦아드리다가 짓무른 생식기에 손이 닿았다

탄탄한 자신감으로 생명을 피워 올리던 황금빛 바다

휘파람이 피어나고 풀잎이 피어나고 사슴이 피어나던
연꽃생식기

생명의 바다를 사모하다, 사모하다 스러진 연꽃무덤
이다

—「연꽃무덤」 전문

어머니의 장례를 집에서 치렀는데, 숨이 멎은 몸을 물수건으로 닦다가 물컹한 아랫도리를 만지고는 몹시 놀랐다. 그 충격을 오래오래 간직하고 있다가 「연꽃무덤」을 쓰게 된 것이다. 인도신화 혹은 불교적 상상력에서 '연꽃'은 우주 만물을 탄생시키는 '우주 자궁'으로 은유된다. 그러한 은유에 기대어 어머니의 자궁을 우주 자궁으로 확장시키기에 이른 것이다. 즉, 어머니의 자궁은 인간아기만 낳은 것이 아니라 '휘파람'과 '풀잎'과 '사슴'을 탄생시킨 우주 자궁인 셈이었다.

이 작품은 한국시인협회와 프랑스시인협회가 공동 제작한 사화집 『Florilège』(2023)에 프랑스어로 게재되기도 했다.

우주 자연의 현상 속에서 인간사를 읽어내고, 그 둘을 조화롭게 연계하려는 시도는 공부가 내준 선물이었다. 독서하고 사색하며 축적한 인지력과 사고력, 여기에 감성까지 더해 시론에 의탁한다면 진부하지도 사변적이지도 않은 시생명이 탄생하리라 믿는다. 지나치게 감성적이거나 사변적이지 않은 시, 그것은 지속적으로 갈구해온 내 문학의 지향점이기도 했다.

5.
내 문학의 세 번째 시기는 7시집 이후라고 할 수 있다.
시 세계를 상승적으로 변모시키고 싶은 것은 모든 시인의 바람일 것이다. 하지만 그 문제는 삶이 획기적으로 달라져 사고의 변혁이 일어나기 전에는 해결되기 어렵다. 갈구한 끝에 결론지은 것은, 이미 형성된 성향을 발전적으로 향상시키자는 것이었다.
쉽게 읽히지만 그 여운은 길게 가는 시를 쓰고 싶었다. 말랑말랑하면서도 견고한 뼈다귀 하나 품고 있는 시, 한 편을 읽고 나면 다음 작품이 궁금해 단숨에 읽히는 시집을 엮고 싶었다. 그리하여 끝내, 삶은 아름답고 가치 있는 것이라는 메시지를 안겨주고 싶었다.

> 어린애같이 순수해질 때 눈물이 난다.
> 기쁨이 넘쳐도, 그리움이 깊어도
> 아름다운 것을 보았을 때도 눈물이 난다.
> 순도 높은 기쁨과 슬픔, 티 없는 아름다움, 순진무구

함은
그 궁극에서 슬픔이라는 양수를 깔고 앉는다.

 시는 기쁨의 감정보다는 슬픔을 자양분 삼아 잉태되고 자란다.
어떠한 희망도 슬픔을 기반으로 하지 않고는
견고한 생명체가 될 수 없다.
가없는 담금질 끝에 울림 깊은 방짜 그릇이 탄생하듯
슬픔을 잘 어루만진 사람만이
찬란한 정신의 집을 지을 수 있다.

눈물은 시 중에서도 가장 아름다운 시이며
가장 설득력 있는 시이다.

그리하여
내 시는 슬픔을 어머니로 삼는다.

 이 글은 다섯 번째 시집 『연꽃무덤』에 쓴 「시인의 말」이다. 눈물의 시학을 주장하는 한편, 인간과 자연이 한 덩어리가 되어 숨 쉬는 경지를 구현하고 싶었다. 어휘력이 부족하고 기교의 결핍에 시달리면서도 자연과 인간이 상생하고 합일하는 궁극을 형상화하고자 했다. 그러한 생각이 어느 정도 반영된 시가 「오르가슴」이 아닐까 생각한다.

> 연천봉 아래 연초록 너울, 살 비비며 쓰러지며 혼절하는 파도, 맨발로 얼크러져 몸부림하는 시원(始原)
>
> 사월의 숲,
>
> 죽어도 좋을 목숨의 잔치
> ―「오르가슴」 전문

계룡산 연천봉에서 내려다본 4월의 숲은 연둣빛 출렁이는 신생의 바다였다. 맨발로 얼크러진 채 쓰러졌다가 일어서는 숲 너울은 태초의 몸부림을 연상시켰다. 타인을 인식하기 전 부끄러울 것 없는 생명의 아우성, 죽어도 좋을 목숨의 잔치였다. 꼭대기 바위에서 눈길 떼지 못하고 바라보다가 그 부드러운 살 속으로 뛰어내릴 뻔했다. 사뿐히 내려앉으면 팔 벌려 받아줄 것만 같은 충동이 일었다.

시제는 '사월의 숲'이었다가 '사월 바람'이었다가 육감의 절정 '오르가슴'에 이르렀다. 생명의 절정을 사월의 숲만큼 형상화할 수 있는 자연이 또 어디 있을까. 초고는 부연 설명을 붙여 길게 썼으나 퇴고를 거쳐 저처럼 짧아졌다. 긴 시간 동안 담금질한 만큼 애착이 가는 작품이다.

6.
　나는 삶과 분리된 시를 생각해보지 않았다. 그것은 삶이 내면화하고 있는 철학과 사상이 작품에 구현될 수밖에 없다는 의미이다. 그렇다면 어떤 삶을 지향하는가 하는 문제는 시인에게 중요한 화두가 될 것이다. 간혹 '시 따로 삶 따로'인 시인을 보게 되는데, 창작 기술을 습득해 머리로만 쓴다면 그는 사기꾼에 지나지 않을 것이다.
　시인으로 사는 내내, 좋은 시는 거짓되지 않아야 한다고 믿어왔다. 즉, 시 쓰기는 삶을 닦아나가는 도구이자 방법론이 되어준 것이다.
　줄곧 지향해온 문학의 길, 삶을 가지치기한 오늘도 곁에 남은 것은 문학뿐이다. 문학은 죽는 날까지 손잡고 갈 도반이자 스승인 셈이다. 앞으로도 좋은 시를 낳기 위한 노력은 계속될 것이고, 그 시로 인해 삶은 더욱 아름다워질 것이라고 믿는다.

서역의 미소

2024년 4월 25일 초판 1쇄 펴냄

지은이 _ 안현심
펴낸이 _ 양문규
펴낸곳 _ 詩와에세이

신고번호 _ 제2017-000025호
주   소 _ (30021)세종특별자치시 조치원읍 충현로 159, 상가동 107-1호
대표전화 _ (044)863-7652
팩시밀리 _ 0505-116-7653
휴대전화 _ 010-5355-7565
전자우편 _ sie2005@naver.com
공 급 처 _ 한국출판협동조합
주문전화 _ (02)716-5616
팩시밀리 _ (031)944-8234~6

ⓒ안현심, 2024
ISBN 979-11-91914-57-3 (03810)

* 지은이와 협의하여 인지는 생략합니다.
* 이 책 내용의 전부 또는 일부를 재사용하려면 반드시 지은이와
  詩와에세이 양측의 동의를 받아야 합니다.
* 책값은 뒤표지에 표시되어 있습니다.